LEVEL 3

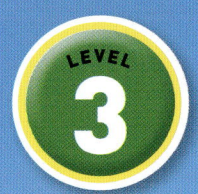

사이언스 리더스

고고학자는 무슨 일을 할까?

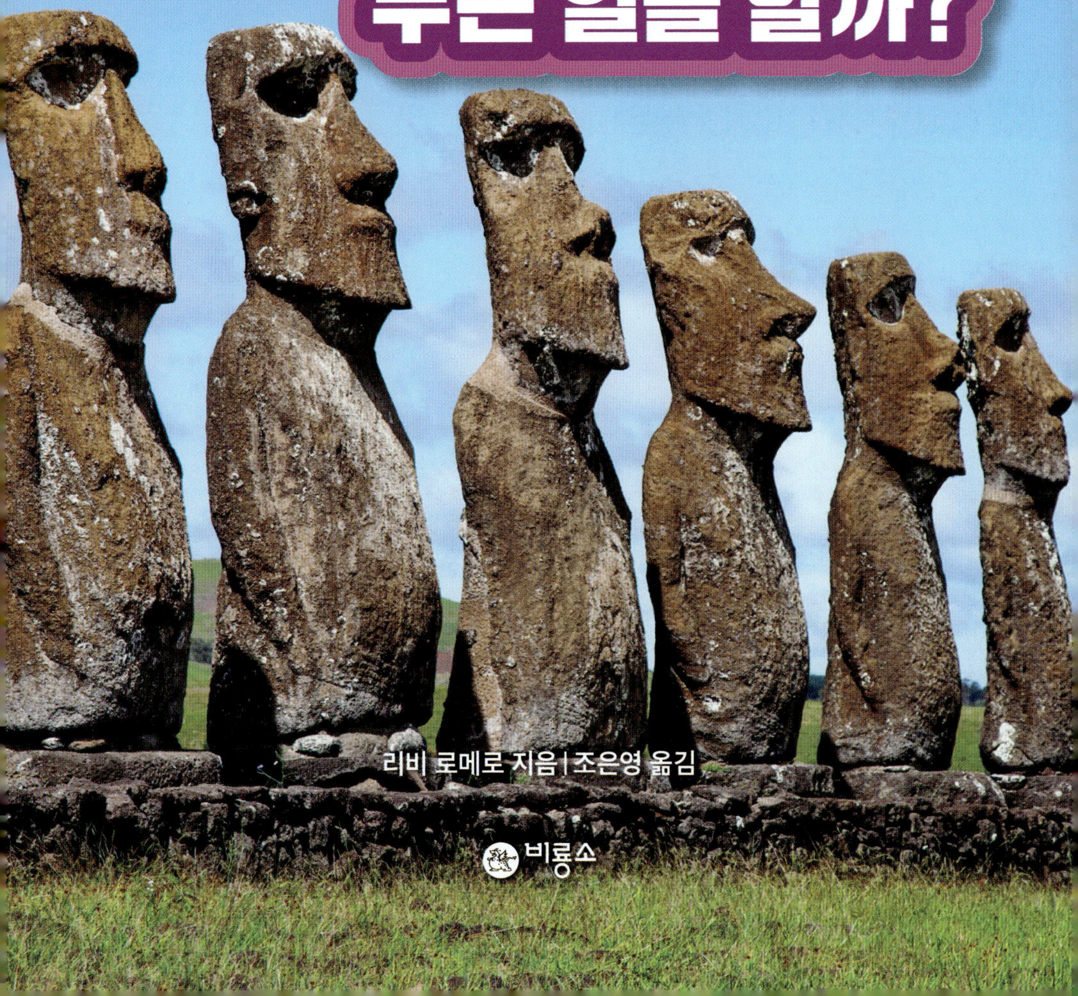

리비 로메로 지음 | 조은영 옮김

비룡소

리비 로메로 지음 | 기자와 교사로 일하다가 작가가 되었다. 《내셔널지오그래픽》과 스미스소니언 협회 잡지에 글을 실었으며, 이 시리즈에서 『세계의 고층 건물』, 『기적의 과학자 아인슈타인』 등 여러 편을 썼다.

조은영 옮김 | 어려운 과학책은 쉽게, 쉬운 과학책은 재미있게 옮기려는 과학책 전문 번역가이다. 서울대학교 생물학과를 졸업하고, 같은 대학교 천연물대학원과 미국 조지아대학교에서 석사 학위를 받았다.

이 책은 내셔널지오그래픽 협회의 인간 여정 프로그램 책임자 데버라 트레인 박사와
메릴랜드 대학교의 독서교육학과 명예 교수 마리엄 장 드레어가 감수하였습니다.

내셔널지오그래픽 키즈 사이언스 리더스
LEVEL 3 고고학자는 무슨 일을 할까?

1판 1쇄 찍음 2025년 8월 20일 1판 1쇄 펴냄 2025년 9월 15일
지은이 리비 로메로 옮긴이 조은영 펴낸이 박상희 편집장 전지선 편집 김지호 디자인 천지연
펴낸곳 (주)비룡소 출판등록 1994.3.17.(제16-849호) 주소 06027 서울시 강남구 도산대로1길 62 강남출판문화센터 4층
전화 02)515-2000 팩스 02)515-2007 홈페이지 www.bir.co.kr 제품명 어린이용 반양장 도서 제조자명 (주)비룡소
제조국명 대한민국 사용연령 3세 이상 ISBN 978-89-491-6958-3 74400 / ISBN 978-89-491-6900-2 74400 (세트)

NATIONAL GEOGRAPHIC KIDS READERS LEVEL 3
WHAT IS AN ARCHAEOLOGIST? by Libby Romero
Copyright © 2019 National Geographic Partners, LLC.
Korean Edition Copyright © 2025 National Geographic Partners, LLC.
All rights reserved.
NATIONAL GEOGRAPHIC and Yellow Border Design are trademarks of
the National Geographic Society, used under license.
이 책의 한국어판 저작권은 National Geographic Partners, LLC.에 있으며, (주)비룡소에서 번역하여 출간하였습니다.
저작권법에 의해 한국 내에서 보호를 받는 저작물이므로 무단 전재와 무단 복제를 금합니다.

사진 저작권 AS=Alamy Stock Photo; GI=Getty Images; NGIC=National Geographic Image Collection; SS=Shutterstock

Cover, Manami Yahata/NGIC; header (throughout), Noch/SS; vocabulary art (throughout), Denis Gorelkin/SS;1, Viktor Gmyria/Dreamstime; 3, Stephanie Frey/SS; 4-5, Erika Larsen/NGIC; 6-7, Kenneth Garrett/NGIC; 8, Gordon Wiltsie/NGIC; 9, imageBROKER/SS; 10, Jericho (gouache on paper)/Private Collection/© Look and Learn/Bridgeman Images; 11, arhendrix/SS; 12, O. Louis Mazzatenta/NGIC; 13, Adrian Dennis/AFP/GI; 14, Andrey Armyagov/SS; 15 (INSET), DigitalGlobe/GI; 15, DigitalGlobe/GI; 16, Blue Media/National Geographic; 17, Stephen Barnes/AS; 18, Keith Seramur; 19, ITAR-TASS News Agency/AS; 20, Courtesy of Sarah Parcak/Cengage/NGIC; 21, Universal History Archive/UIG/SS; 22, Paul Nicklen/NGIC; 23, Don Couch/Barcroft Media/GI; 24, Constanza Ceruti/Society of Woman Geographers; 25 (LE), Robert Harding Picture Library/NGIC; 25 (RT), Abid Mehmood/NGIC; 26 (UP), starmaro/SS; 26 (CTR), Matthias Hiekel/EPA/SS; 26 (LO), photoDISC; 27 (UP LE), Vlad Ghiea/AS; 27 (UP RT), Bill Curtsinger/NGIC; 27 (LO LE), Francisco Juarez/NGIC; 27 (LO RT), agnormark/GI; 28, Universal History Archive/UIG via GI; 29 (UP), Taylor Kennedy/Sitka Productions/NGIC; 29 (LO), Jarno Gonzalez Zarraonandia/SS; 30 (UP), James P. Blair/NGIC; 30 (LO), Spencer Sutton/Science Source; 31, O. Louis Mazzatenta/NGIC; 32, Dan Wallace/Dreamstime; 33 (UP), Dave Yoder/NGIC; 33 (LO), Gregory A. Harlin/NGIC; 34, duncan1890/GI; 35 (UP), Rui Vieira/AS; 35 (LO), Peter Corns/AP Images; 36, Joe McNally/NGIC; 37, Universal History Archive/UIG/SS; 39, William Albert Allard/NGIC; 40, John Moore/GI; 41, Robert Harding Picture Library/NGIC; 42, Bill Ballenberg/NGIC; 43, Ozkan Bilgin/Anadolu Agency/GI; 44 (UP), Kenneth Garrett/NGIC; 44 (CTR UP), Marcio Jose Bastos Silva/SS; 44 (CTR LE), James P. Blair/NGIC; 44 (CTR RT), Jennifer White Maxwell/SS; 44 (CTR LO), Don Mammoser/SS; 44 (LO), Kichigin/SS; 45 (UP), Bethany Peterson/NGIC; 45 (CTR LE), Guillermo Pruneda/NGIC; 45 (CTR RT), Blue Media/National Geographic; 45 (LO UP), DeA Picture Library/Granger.com - All rights reserved; 45 (LO LE), Jaroslav Moravcik/SS; 45 (LO RT), Paul Nicklen/NGIC; 45 (LO LO), Cedric Weber/SS; 46 (UP), The Washington Post/GI; 46 (CTR LE), Paul Nicklen/NGIC; 46 (CTR RT), Vacclav/Dreamstime; 46 (LO LE), ITAR-TASS News Agency/AS; 46 (LO RT), DigitalGlobe/GI; 47 (UP LE), Hulton-Deutsch Collection/Corbis/Corbis via GI; 47 (UP RT), W. Scott McGill/SS; 47 (CTR LE), Erika Larsen/NGIC; 47 (CTR RT), Gordon Wiltsie/NGIC; 47 (LO LE), Wes C. Skiles/NGIC; 47 (LO RT), Todd Buchanan/NGIC

이 책의 차례

고고학은 무엇일까? 4

과거를 파헤치다! 6

고고학자의 작업 도구 12

고고학자가 하는 일 20

고고학자의 7가지 연구 분야 26

뜻밖의 발견 28

고고학자가 푼 수수께끼 34

고고학의 미래 40

도전! 고고학 박사 44

꼭 알아야 할 고고학 용어 46

찾아보기 48

고고학은 무엇일까?

타임머신을 타고 시간을 거슬러 과거로 가고 싶었던 적이 있니? 내가 만약 사라진 옛 도시를 발견하거나 황금으로 가득한 난파선을 찾으면 어떡하지? 다들 한 번쯤 상상해 보잖아. 영화에서는 보물을 찾아 떠나는 모험가를 으레 볼 수 있어. 그런 모험가의 직업은 대개 **고고학자**이기도 하지.

고고학자들이 미국 알래스카주의 누날렉에서 작업 중이야. 이누이트의 한 갈래인 유픽인이 1660년대에 사용하던 물건을 찾고 있지. 물건은 지금까지 2500개 이상 발견되었고, 앞으로 더 많이 발견될 거라고 해.

현실에서도 고고학자는 멋진 모험을 하곤 해. 하지만 이 고고학자라고 하는 과학자들은 보물 사냥꾼도, 시간 여행자도 아니야. 사실은 탐정에 더 가까워. 오래된 수수께끼를 푸는 일을 하거든. 고고학자가 맡은 임무는 옛날 옛적에 사람들이 어떻게 살았는지 알아내는 일이야.

고고학 용어 풀이

고고학자: 오래된 사물을 연구해 특정한 시대와 장소에서 사람들이 어떻게 살았는지 밝히는 과학자.

과거를 파헤치다!

이집트의 파라오들은 죽은 뒤, 왕가의 계곡에 많이 묻혔어.

고고학자가 과거의 수수께끼를 해결하려면 단서를 찾아야 해. 옛날 사람들이 만들거나 사용했던 물건이 단서가 될 수 있어. 이렇게 과거에 조상들이 남긴 물건을 **유물**이라고 해. 편지나 문서, 또는 사람들이 살았던 건물 같은 장소도 훌륭한 단서야.

하지만 단서를 찾는 일은 그리 쉽지 않아. 그래서 고고학자들은 오래된 지도, 옛날 문서와 책을 샅샅이 뒤져 봐. 우주에서 찍은 사진도 살펴보고. 지상에서는 쉽게 찾을 수 없는 **유적지**를 발견할 수도 있거든.

Q 고고학자가 제일 잘하는 놀이는?   **A** 땅물출기

파라오 투탕카멘을 찾아서

1922년, 영국 고고학자 하워드 카터는 이집트로 다시 갔어. 이집트의 지형을 연구하면서 특히 비가 올 때 땅이 어떻게 변하는지 지켜보았지. 그렇게 해서 오랫동안 땅속에 묻힌 무덤이 있을 만한 장소를 몇 군데 찾았어. 그중 한곳에서 결국 카터는 20세기를 통틀어 가장 유명한 발견의 주인공이 되었어. 3000년이 넘은 무덤을 찾아냈거든. 바로 이집트의 왕 '파라오 투탕카멘'의 무덤이었어.

고고학 용어 풀이

유물: 옛날에 살았던 사람들이 사용하고 남긴 물건.

유적지: 과거에 사람들이 살거나 사용했던 흔적이 있는 장소.

고고학자가 격자를 이용해 유물의 위치를 꼼꼼히 기록하고 있어.

유적지가 발견되면, 고고학자들은 그 장소에 끈을 설치해 **격자**로 나누고 지도를 그려. 그러고 나서 유적지에서 찾아낸 모든 것의 정확한 위치를 지도에 기록하지.

지도가 완성되면 아주 천천히 조심스레 구석구석 뒤지어 찾기 시작해. 남아 있는 **유적**을 살펴보고, 그 안에 남겨진 유물을 **발굴**하고 조사하는 거야. 찾아낸 단서는 사진을 찍거나 그림으로 그리고 노트에 자세하게 기록해. 유물은 더 분석하고 연구하기 위해 실험실로 보내.

고고학 용어 풀이

격자: 가로세로가 일정하게 짜여진 사각형 무늬.

유적: 옛 사람들이 남긴 건축물이나 무덤, 싸움터 같은 움직일 수 없는 흔적.

발굴: 땅속이나 흙더미 따위에 묻혀 있는 것을 찾아서 파내는 일.

고고학자가 바닷속에서 찾은 유물과 주변 모습을 사진으로 찍고 있어.

사건의 진실을 찾아내는 탐정처럼 고고학자도 과거의 진실을 찾고 싶어 해. 뛰어난 탐정처럼 새로운 단서를 찾아 과거의 생각이 틀렸음을 밝히기도 하지. 영국의 고고학자 캐슬린 케니언이 좋은 본보기를 남겼어.

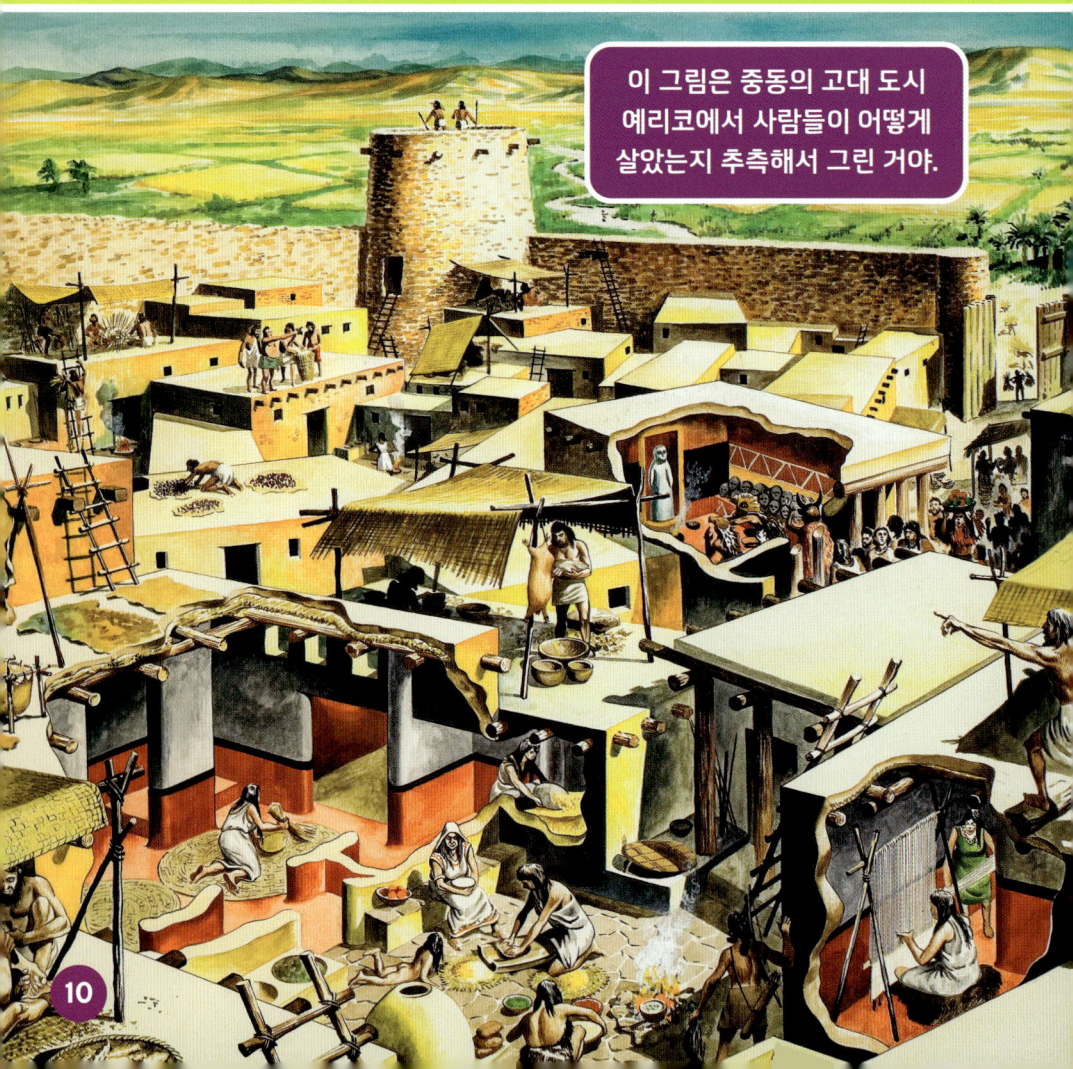

이 그림은 중동의 고대 도시 예리코에서 사람들이 어떻게 살았는지 추측해서 그린 거야.

케니언은 땅속에서 발굴한 유물이 얼마나 오래된 것인지 알아내는 새로운 방법을 개발했어. 그리고 이 방법으로 중동의 예리코라는 도시를 살펴봤지. 케니언은 이 고대 도시가 사람들의 생각보다 1550년은 더 일찍 파괴된 것을 증명했어.

흙 속에 묻힌 진실

우리가 밟고 있는 땅은 시간의 흐름을 보여 줘. 땅을 이루는 토양은 오랜 시간이 지나는 동안 층층이 쌓여서 여러 개의 층을 형성해. 한 층이 생길 때마다 그 시대의 단서가 함께 묻히곤 하지. 캐슬린 케니언은 여러 층들을 한번에 보고 싶었어. 그래서 땅속으로 큰 도랑을 파고 격자를 설치했지. 도랑의 벽에 드러난 토양층을 연구해서 과거에 일어난 사건의 정확한 시기를 알아낼 수 있었어.

고고학자의 작업 도구

고고학자가 중국 유물을 복원하고 있어.

고고학자가 실제로 땅을 파고 유물을 발굴하는 데 온 시간을 쏟지는 않아. 발굴 **현장**에서 작업하는 시간은 1년에 몇 주, 또는 몇 달에 불과해. 나머지 시간은 주로 연구실에서 수집한 유물들을 조사하고 분석하지.

고고학자들은 유적지에서 유물을 발굴할 때 땅을 많이 파지 않으려고 해. 유적이 훼손되거나 중요한 단서가 망가지는 일을 피하려는 거야.

| Q 고고학자가 좋아하는 섬은? | A 코롬섬 |

고고학자가 현장에 가져가는 도구들

고고학자가 유물을 발굴할 때 쓰는 간단한 장비 중에는 평소 우리가 집에서 자주 쓰는 도구도 있어. 이를테면 줄자, 칫솔, 빗자루, 쓰레받기 같은 것들 말이야. 또 치과에서 치석을 제거할 때 사용하는 도구도 써. 참, 고고학자들에게 가장 중요한 도구 중 하나는 흙손이야. 판판한 날에 손잡이가 달린 흙손은 석공이 벽돌을 쌓거나 미장공이 시멘트를 바를 때 쓰는 도구야. 고고학자는 층층이 쌓인 토양의 얇은 층을 조심스럽게 제거할 때 주로 흙손을 사용한대.

흙손

고고학 용어 풀이

복원: 원래대로 돌이키는 것.

현장: 유물이 발견되거나 발굴을 진행하는 곳.

오늘날에는 고고학자들이 유적을 찾고 조사할 수 있는 도구가 많이 개발되었어. 그중 하나가 바로 **위성 사진**이야. 우주에서 지구를 찍은 사진을 보면 고고학자들이 넓은 지역을 더 빨리 **수색**할 수 있어.

고고학 용어 풀이

위성 사진: 인공위성이 지구 주위를 돌면서 찍은 사진.

수색: 구석구석 뒤지어 찾는 일.

반사: 곧게 나아가던 빛이 다른 물체에 부딪혀 나아가는 방향을 바꾸는 것.

어떻게 하느냐고? 고고학자는 위성 사진에서 한 지역을 골라서 크게 확대한 다음 자세히 살펴봐. 그러다가 땅에서 특이한 무늬를 발견하기도 해. 또, 주변과는 다른 방식으로 햇빛을 **반사**하는 장소를 찾을 수도 있지. 그렇다면 그 밑에 중요한 것이 묻혀 있다는 단서가 되거든.

시리아의 유프라테스강 기슭에 자리 잡은 고대 도시 유적 두라유로포스는 2000년이 넘었어. 위성 사진을 확대한 부분(원형 사진)에서 보이는 수많은 구멍은 도굴꾼이 유적지를 파헤친 흔적이야.

티칼은 고대 마야의 도시 유적이야. 고고학자들은 라이다(LiDAR)를 이용해서 티칼의 입체 지도를 만들었어. 라이다로 무성하게 자란 식물과 나무를 지우자 그 아래에 있던 고대 유적의 모습이 드러났어.

골라낸 장소를 더 자세히 들여다보기 위해서 고고학자는 지상과 공중에서 **원격 탐지** 기술을 사용하기도 해. 비행기나 헬리콥터, 드론에서 땅을 향해 레이저로 광선을 쏘는 거야. 그러자면 라이다(LiDAR)라는 도구가 필요해.

라이다(LiDAR)는 레이저, 스캐너, 인공위성으로 위치를 찾는 지피에스(GPS)가 들어 있는 장치야. 레이저로 쏜 광선은 **지표면**에 부딪치면 반사돼. 스캐너는 레이저를 쏘는 곳마다 지피에스로 읽은 위치를 기록해서 그 지역의 입체 지도를 그리지.

땅을 파지 않고 땅속을 보는 법

지면 투과 레이더(GPR)는 최초로 개발된 원격 탐지 기술 중 하나야. 광선이 땅을 통과하는 거라서 지표 투과 레이더라고 부르기도 해. 고고학자들이 땅을 파지 않고도 지하를 수색할 수 있도록 해 줘. 지면 투과 레이더가 보낸 전파는 어떤 물체에 부딪치면 튕겨서 되돌아와. 그러면 전파가 돌아오는 시간으로 그 물체가 묻혀 있는 깊이를 알 수 있어.

고고학 용어 풀이

원격 탐지: 멀리 있거나 숨겨져 있어서 눈으로 직접 볼 수 없는 단서를 찾는 일.

지표면: 지구의 표면. 땅의 겉면.

투과: 광선이 물질을 통과하는 것.

땅 위에서는 다른 방식의 원격 탐지 도구를 써. 고고학자들은 땅에 묻힌 **석벽**을 찾을 때, 전기를 이용해. 먼저 가늘고 긴 탐침을 땅에 격자 모양으로 꽂아 놓아. 그런 다음 탐침을 통해 땅속으로 전류를 흘려보내. 전류가 지나는 물질의 종류에 따라 흐르는 속도가 달라지는 원리를 이용하는 거야. 이 기술로 땅속 1.5미터 깊이까지 묻혀 있는 것의 위치를 알아낼 수 있어.

땅에 찔러 넣는 도구인 탐침

고고학자들은 탐침에 전류를 흘려보내서 얻은 정보로 땅속 지도를 그려. 그러면 물체가 어디에 묻혀 있는지 알 수 있어.

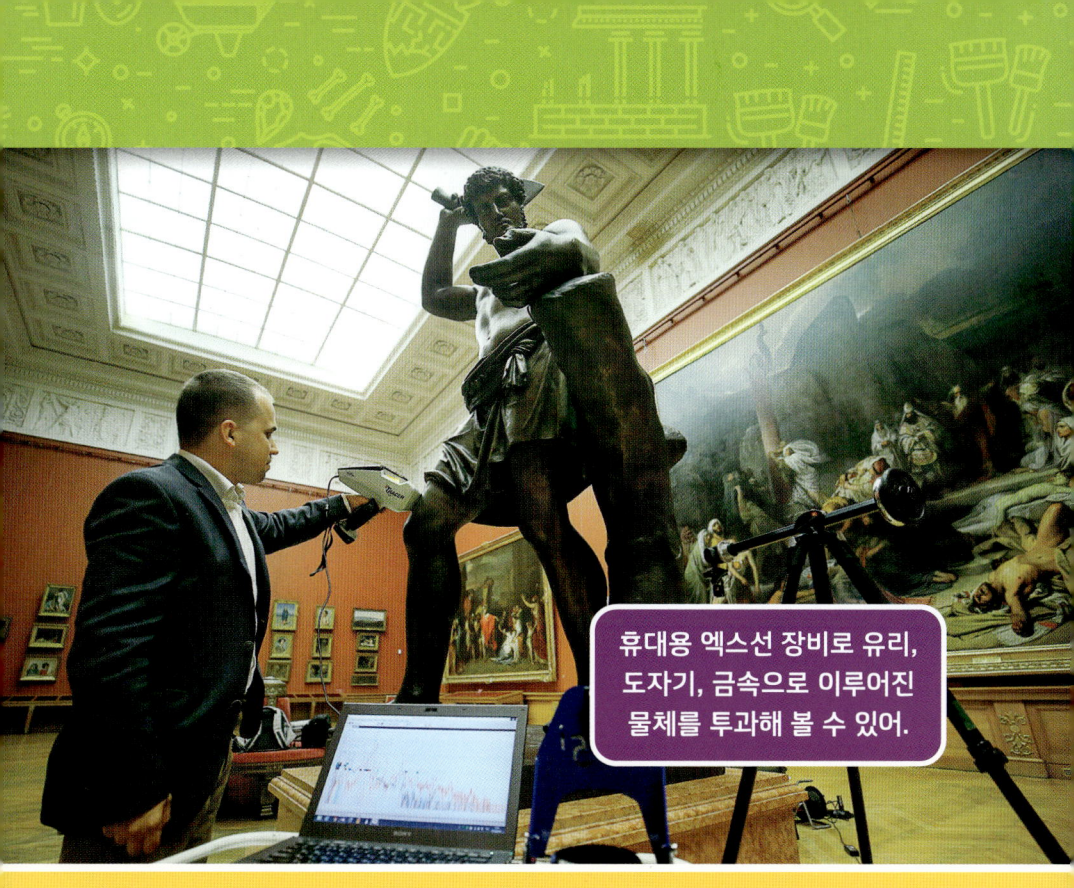

휴대용 엑스선 장비로 유리, 도자기, 금속으로 이루어진 물체를 투과해 볼 수 있어.

화재가 일어난 유적의 흔적을 찾을 때, 고고학자들은 자석을 사용해. 물체가 불에 타면서 토양에 **자기**를 남기거든. 고고학자들은 자기 탐지기라는 도구를 사용해서 자기의 흔적을 찾아. 자기가 강하게 나타나는 지역은 오래전에 사람들이 물건을 불에 태우던 장소였을 가능성이 커.

고고학 용어 풀이

석벽: 돌로 쌓은 벽이나 담.

자기: 쇠붙이를 끌어당기거나 남북을 가리키는 등 자석이 띠는 성질.

고고학자가 하는 일

세라 파캑이 이집트를 찍은 위성 사진을 확대해 보고 있어. 이 사진에서 고대 도시에 세워졌던 건물의 흔적이 눈에 띌지도 몰라.

현대의 고고학자들은 옛날 고고학자들이 가 보지 못했던 세계까지 탐험할 수 있어. 세라 파캑은 지표면으로부터 약 640킬로미터 위에서 내려다본 지구를 탐사해. 파캑은 우주 고고학자야.

고대인이 되어 본 고고학자

고고학은 여러 갈래로 분야가 나뉘어. 예를 들어 실험 고고학은 과거에 옛사람들이 쓰던 도구와 기술만으로 당시에 만들었던 물건을 똑같이 만들어 내. 1947년에 노르웨이 고고학자 토르 헤위에르달은 콘티키라는 이름의 커다란 뗏목을 지었어. 그러고는 콘티키를 타고 남아메리카에서 폴리네시아까지 바다를 건너갔어. 고대인들이 뗏목으로 똑같이 이동했다는 사실을 증명하려고 말이야.

우주 고고학자 세라 파캑은 직접 우주에 가지 않아. 대신 위성 사진과 다른 도구를 사용하지. 그래서 위성 고고학자라고도 해. 지금까지 파캑은 피라미드 17개, 사라진 마을 3100개, 잃어버린 무덤 1000개를 찾았어. 그뿐 아니라 파캑은 누구나 위성 사진을 검토할 수 있는 웹사이트를 만들었어. 사람들이 사진을 보고 유적이 있을 만한 곳을 골라 내면, 파캑이 사진을 보고 다시 확인했어.

수중 고고학자
기예르모 데
안다가 현장에서
작업할 때는
잠수복과 산소
탱크가 필요해.
이 고고학자가 찾는
유적은 대개 물에 잠긴
동굴이나 **세노테** 속에 있거든.

기예르모 데 안다가 멕시코 유카탄반도에서 줄을 타고 동굴로 내려가고 있어.

기예르모 데 안다는 마야 문명을 연구해.
데 안다와 연구팀은 멕시코의 유카탄반도
아래에 있는 동굴과 터널, 세노테를
탐사하며 이 지역의 입체 지도를 만들고
있어. 물에 잠겨 있는 이 동굴이 땅 위의
마야 피라미드와 어떻게 연결되었는지를
알아내려고 해.

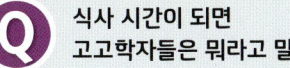 **Q** 식사 시간이 되면 고고학자들은 뭐라고 말할까?

 A "끄끼!" 날음식

고고학 용어 풀이

세노테: 석회암이 녹아 만들어진 구멍 또는 동굴에 물이 들어찬 것.

탐사: 알려지지 않은 무엇을 샅샅이 조사하는 일.

기예르모 데 안다는 동굴과 세노테를 탐사하느라 하루에 일곱 시간까지 물속에서 보내곤 했대.

콘스탄사 세루티는 고대 문명을 연구하기 위해서 아주아주 높은 산악 지대로 올라가는 고지대 고고학자야. 콘스탄사 세루티와 **인류학자** 요한 라인하르트는 세계에서 가장 잘 보존된 미라를 발견했어. 높이가 약 6700미터에 이르는 아르헨티나의 어느 화산 꼭대기에서 말이야.

콘스탄사 세루티는 잉카 유적을 연구하기 위해 해발 고도 5000미터가 넘는 산을 100곳도 넘게 올랐대. 세루티가 잉카의 소녀 미라를 발굴하는 모습이야.

칼라시 머리 장식

사예드 굴 칼라시는 칼라시인 최초의 고고학자이자 여성 과학자야.

고고학자 사예드 굴 칼라시가 하는 일은 자신의 삶과 깊은 관련이 있어. 자기 민족인 칼라시인의 문화를 보존하고자 하거든. 사예드 굴 칼라시는 파키스탄에 남아 있는 칼라시인 3500여 명 중 한 사람이고, 칼라시 문화를 대표하는 유물을 찾고 있어.

고고학 용어 풀이

인류학자: 사람의 행동과 문화, 발달 과정을 연구하는 과학자.

고고학자의 7가지 연구 분야

① 선사 고고학자는 문자가 없었던 선사 시대의 문명을 연구해.

역사 고고학자는 문자로 기록된 문화를 연구해. 과거에 대해 더 많은 것을 알아내기 위해 여러 가지 기록을 살펴봐.

②

③ 고전 고고학자는 고대 그리스와 로마 시대의 문화를 연구해.

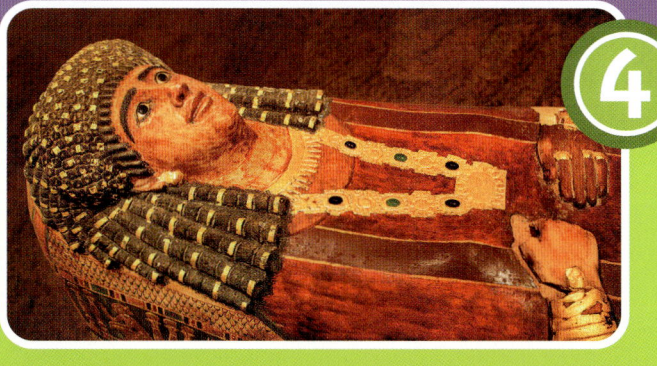

④ 이집트학자는 이집트의 역사와 문화를 연구해.

수중 고고학자는 강이나 호수, 습지, 바다에서 일해. 난파선이나 바닷속에 가라앉은 도시 등을 찾아다니지.

⑤

⑥ 환경 고고학자는 환경의 변화가 옛사람들의 삶에 어떤 영향을 주었는지 연구해.

쓰레기 고고학자는 사람들이 버린 것을 연구해. 쓰레기 더미를 뒤져서 사람들의 생활 습관을 밝히고 또 어떻게 변화했는지 찾아내지.

⑦

뜻밖의 발견

믿거나 말거나, 지금까지 발견된 위대한 유물 중에는 사람들이 우연히 찾아낸 것들이 많아. 첫 번째 예로, 1799년 프랑스 병사들이 이집트에서 요새를 짓다가 땅속에서 파낸 로제타석이 있어.

로제타석은 화강 섬록암으로 만든 커다란 비석인데, 같은 내용이 세 가지 고대 문자, 즉 이집트 상형 문자(신성 문자), 이집트 민중 문자, 그리스 문자로 새겨져 있어. 이 로제타석을 연구해서 사람들은 그때까지 수수께끼였던 고대 이집트 상형 문자의 의미를 알아낼 수 있었지.

1947년 이스라엘에서 한 양치기가 동굴에 돌멩이를 던졌다가 사해문서를 발견했어. 1974년 중국에서는 한 농부가 우물을 파다가 흙을 빚어 구운 테라코타 병사 조각을 발견했어. 덕분에 2000년도 넘은 모형들이 묻힌 공간인 병마용갱도 찾아냈지.

사해문서는 히브리어로 된 성경 중에서 가장 오래되고 귀중한 자료야.

테라코타 병사가 발견된 병마용갱에는 실제 사람의 크기와 같은 전사들을 비롯해 말, 전차 등의 모형이 약 7000개나 있었대. 중국 최초의 황제, 진시황을 위해 만들어진 거라고 해.

오늘날의 고고학자들은 새롭게 개발된 기술을 사용해서 예전에 발견했던 유물이나 유적에 대해 새로운 사실을 알아내고 있어. 기자의 대피라미드가 아주 좋은 예야. 고고학자들은 새로운 레이저 기술로 암석과 공기를 잘 통과하는 작은 입자의 운동을 추적했어. 그렇게 해서 대피라미드 안에 숨겨진 큰 공간을 찾아냈지.

이집트 기자의 대피라미드

대피라미드 내부의 커다란 공간은 대회랑 위에 있었어.

새로 발견된 공간

환기구
왕의 방
대회랑
환기구
왕비의 방
탈출 통로
통로
지하의 방

Q 설날에 쏘는 레이저는?   A 묘류

기술이 발달하면서 고대 로마의 도시 유적인 폼페이에 대해서도 더 많이 알게 되었어. 2018년에 고고학자들이 레이저 스캐너와 드론을 이용해 이 도시를 탐사하기 시작했어. 예전에는 찾지 못했던 상점, 정원, 예술품, 집 등을 새롭게 발견했지.

이탈리아의 폼페이는 기원후 79년에 베수비오 화산이 분화했을 때 쏟아져 나온 화산재와 화산 자갈 밑에 묻혀 잘 보존되었어.

캄보디아의 앙코르 와트

앙코르 와트는 세계에서 가장 큰 종교 유적지야. 고고학자들은 100년 넘는 세월 동안 이 사원의 주변 지역을 연구해 왔어. 그러다가 2012년에 한 연구팀이 라이다(LiDAR)로 근처의 정글을 조사하기 시작했어. 그런데 2주 만에 또 다른 사원, 도로, 수로의 흔적을 발견해 냈지. 미처 몰랐던 도시 지역을 새로 찾아낸 거야. 고대 도시 앙코르는 사람들의 예상보다 훨씬 더 크고 발전된 곳이었어.

오래된 유적에 새로운 과학을

온두라스의 어느 열대 숲에는 수백 년 전부터 지역 사람들에게 알려진 유적이 있었어. 그들의 조상이 놀라운 도시들을 지었다고 전해졌거든. 하지만 외부의 과학자들에게는 그 도시들이 알려지지 않았어. 그러던 2012년, 한 영화 제작팀이 라이다로 이 지역을 훑다가 어떤 무늬를 발견했어. 전문가들이 직접 수색에 나섰지. 결국 고대의 사원, 도로, 수로의 잔해와 약 1000년 된 유물들을 발견했어!

나무가 무성하게 자라난 유적지

라이다로 나무를 지운 유적지

라이다의 스캐너로 그려 낸 고대 유적지

화가가 그려 낸 유적지

고고학자가 푼 수수께끼

고고학자들은 새로운 도구로 오래된 수수께끼들을 풀고 있어. 1485년에 영국에서 잉글랜드의 왕 리처드 3세는 전쟁을 치르다가 죽었어. 그 뒤로 사람들은 리처드 3세가 묻혀 있던 교회 건물을 무너뜨리고 말았어. 더 오랜 시간이 흐르자 교회가 어디에 있었는지도 잊히고 말았지. 잉글랜드 사람들은 자신들의 왕을 찾을 수 없게 되었어!

리처드 3세는 이 그림에 그려진 보즈워스 전투가 벌어지던 전쟁터에서 숨을 거두었어.

2012년에 고고학자들이 옛 지도를 새로운 지도와 비교했어. 그리고 영국 레스터에 있는 어느 주차장 밑에서 리처드 3세의 무덤을 발굴해 냈지. 앞으로 고고학자들은 누구의 무덤을 찾아낼까? 알렉산드로스 대왕? 아니면 칭기즈 칸?

고고학자 클레어 그레이엄이 지면 투과 레이더를 사용해서 잃어버린 리처드 3세의 묘지를 찾아냈어.

발견된 무덤은 작고 얕고 둥그스름했어. 고고학자들은 무덤의 모양을 보고 리처드 3세가 죽은 뒤 급히 묻혔을 거라고 말했어.

스톤헨지를 이루는 바위 중에 작은 것은 자동차 두 대만큼 무거워. 큰 바위는 아프리카코끼리 네 마리의 무게와 맞먹는대!

어떤 수수께끼는 아주 눈에 잘 띄어. 영국 남부에 있는 스톤헨지가 대표적인 예야. 옛날 사람들이 거대한 바위로 이 고대 거석 기념물을 만드는 데 1000년도 넘는 시간이 걸렸대. 이렇게 거대한 구조물을 어떻게 만들었을까? 왜 만들었을까? 그 답을 정확히 아는 사람은… 지금은 없어. 스톤헨지는 달력이었을 수도 있고, 치유의 장소였거나 태양의 신, 또는 달의 신을 모시던 사원이었을 수도 있어.

읽을 수 없는 책

1912년에 발견된 보이니치 필사본은 지금까지 아무도 읽을 수 없는 신비한 책이야. 전문가들은 약 600년 된 이 책이 과학과 마법에 관한 내용을 담고 있다고 생각해. 이 책 안에는 그림이 많이 그려져 있어. 하지만 250쪽에 이르는 글은 누구도 본 적이 없는 문자로 쓰여 있지.

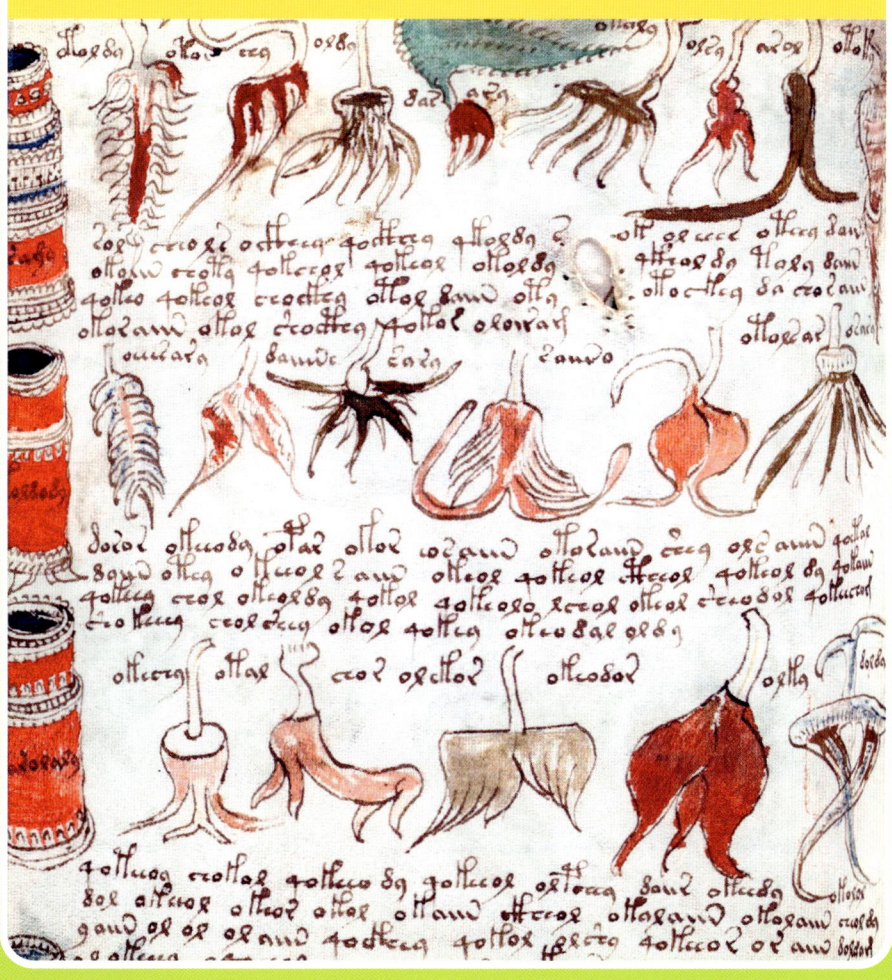

사람들의 눈에 잘 띄는 곳에 숨겨져 있던 또 하나의 수수께끼는 바로 페루의 사막에 있는 나스카 지상화야. 1920년대 말에 비행기가 처음으로 이 사막 위를 날면서 알려지게 되었지. 땅에 새겨진 이 선들이 사실은 그림이었던 거야. 여러 가지 의견이 있지만, 나스카 사람들이 왜 이 선을 그렸는지, 또 그 의미가 무엇인지 확실히 아는 사람은 없어.

어떤 수수께끼는 지어낸 이야기일 수도 있어. 고대 그리스 사람들은 아틀란티스라는 거대한 섬이 1만 년 전에 바다로 가라앉았다고 했어. 아틀란티스가 과연 진짜 있었을까? 사실이 아닐지도 몰라. 아직 풀리지 않은 수수께끼는 많이 남아 있어!

나스카 지상화는 2000년쯤 되었어. 그중 어떤 것은 들판을 가르는 거대한 선이야. 식물이나 동물처럼 보이는 그림도 있지. 이 사진 속의 나스카 지상화는 거미 모양이야.

고고학의 미래

고고학은 과거를 다루는 학문이야. 하지만 새로 개발되는 기술과 도구가 고고학을 계속 발전시켜 미래로 이끌고 있어. 인간은 호기심이 많아. 무슨 일이 왜 일어났는지 알고 싶어 하지. 그리고 그 사실을 밝히는 일이 예전보다 훨씬 쉬워졌어.

그러나 고고학자에게는 시간이 많지 않아. 어떤 유적은 점점 사라지고, 문화재 도굴꾼이 유물을 훔쳐 가기도 하거든. 유적은 전쟁으로 파괴되거나 새로운 건물을 짓기 위해 철거되기도 해. 또 자연의 영향으로 부서지기도 하지.

아프가니스탄 바미안 유적에 있는 이 석굴에는 원래 거대한 불상이 서 있는 모습으로 새겨져 있었어.

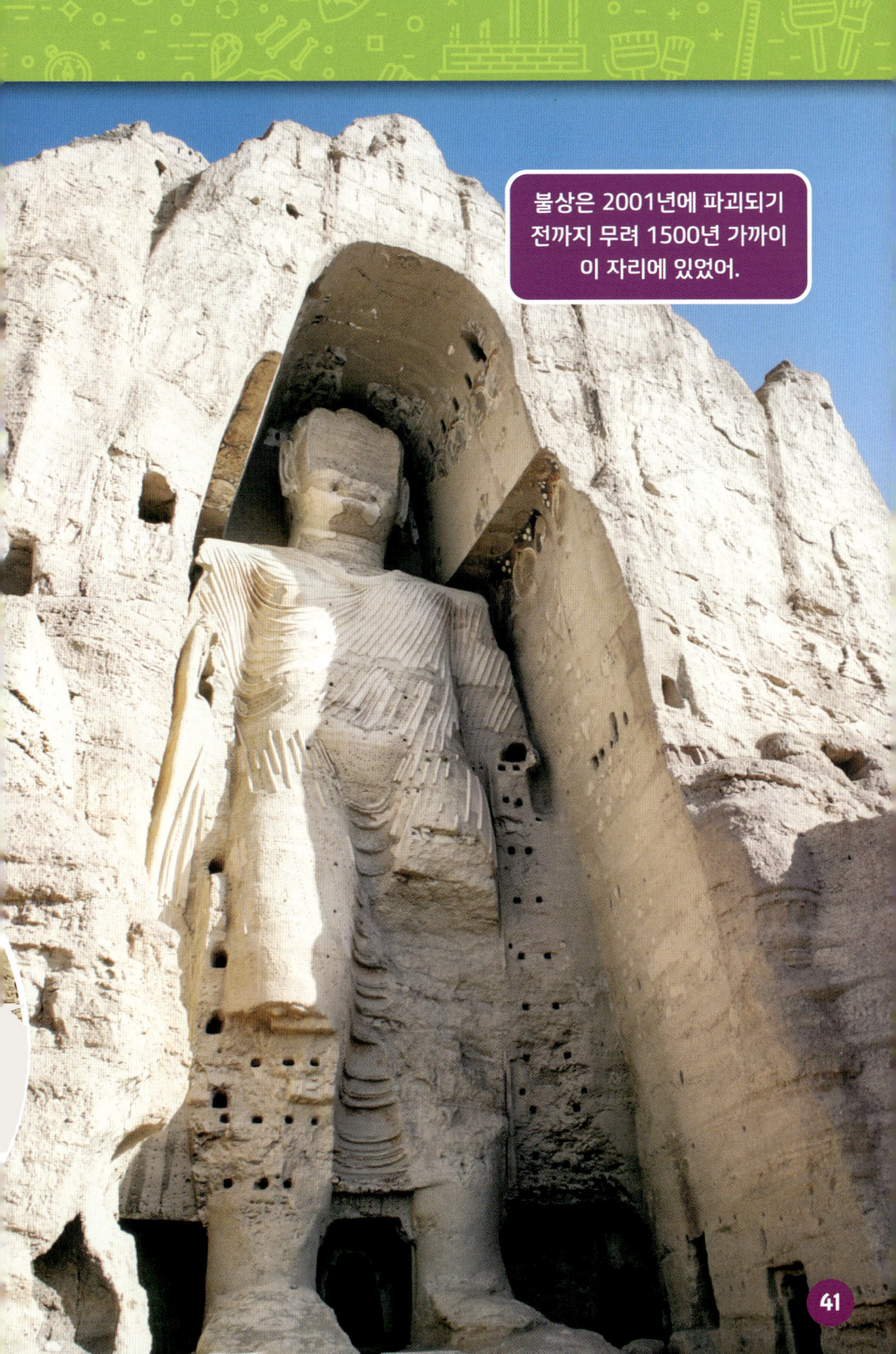

불상은 2001년에 파괴되기 전까지 무려 1500년 가까이 이 자리에 있었어.

고고학자들이 페루 람바예케 계곡의 고대 유적지에서 일하고 있어.

귀중한 유적들을 보호하는 일은 아주 중요해. 또한 유적과 유물의 비밀을 밝힐 사람을 찾는 일도 중요하지. 이런 일에 함께하고 싶다면 국립 문화유산 연구원이나 역사 단체, 국립 공원, 도서관 등에서 열리는 교육 프로그램을 찾아봐. 그런 다음 열심히 파고들어 봐. 언젠가 네가 고대의 수수께끼를 풀어낼 수도 있을 거야!

Q 모자가 깜짝 놀라면? A

고고학자가 되고 싶다면?

이렇게 시작해 보자.

1. 관찰하기: 장소를 정하고 주변을 한 바퀴 둘러보자. 공책에 그 장소의 지도를 그리고 눈에 보이는 것을 기록해 봐.

2. 호기심 키우기: 이 장소를 사람들은 10년 전에, 100년 전에 어떻게 사용했을까? 부모님이나 이웃 어른들에게 물어봐. 도서관에서 자료를 찾아보는 것도 좋아.

3. 탐구하기: 새로운 장소로 가자. 네 주변의 세계에 관해 배우는 거야.

4. 공부하기: 고고학자는 온갖 과학, 역사, 언어, 문화를 공부해. 너도 관심 있는 지역을 골라 봐. 그곳에 대해 많이 읽고 배우도록 하자.

5. 한몫하기: 정말로 유물을 발견한다면 그대로 두고 어른에게 도움을 청해. 어쩌면 과거를 알아낼 새로운 단서를 발견했을지 모르잖아!

도전! 고고학 박사

고고학에 대해서 꽤 많이 알게 되었지? 아래 퀴즈를 풀면서 확인해 봐. 정답은 45쪽 아래에 있어.

고고학자가 연구하는 것은 무엇일까?
A. 과거
B. 현재
C. 미래
D. 공간

다음 중 무엇이 유물일까?
A. 피라미드
B. 공룡 화석
C. 도구
D. 집

캐슬린 케니언은 시간의 흐름을 더 잘 알기 위해서 토양의 _____을(를) 연구해.
A. 흙더미
B. 모양
C. 흔적
D. 층

4
자기 탐지기로 할 수 있는 일은?
A. 레이저 스캐너로 탐색하기
B. 불에 탄 물건의 흔적 찾기
C. 땅에 묻힌 석벽 찾기
D. 시간과 위치를 보여 주기

다음 중 지구 표면의 입체 지도를 그릴 수 있는 것은?
A. 유물
B. 지면 투과 레이더(GPR)
C. 라이다(LiDAR)
D. 휴대용 엑스선 장치

5

6
기예르모 데 안다는 어디에서 유물을 찾을까?
A. 우주에서
B. 물에 잠긴 동굴에서
C. 산꼭대기에서
D. 파키스탄에서

다음 중 고고학자들이 아직 풀지 못한 수수께끼는?
A. 투탕카멘은 어디에 묻혀 있을까?
B. 예리코는 언제 파괴되었을까?
C. 세노테는 무엇일까?
D. 스톤헨지는 왜 만들어졌을까?

7

정답: ① A, ② C, ③ D, ④ B, ⑤ C, ⑥ B, ⑦ D

꼭 알아야 할 고고학 용어

인류학자: 사람의 행동과 문화, 발달 과정을 연구하는 과학자.

세노테: 석회암이 녹아 만들어진 구멍 또는 동굴에 물이 들어찬 것.

유적: 옛 사람들이 남긴 건축물이나 무덤, 싸움터 같은 움직일 수 없는 흔적.

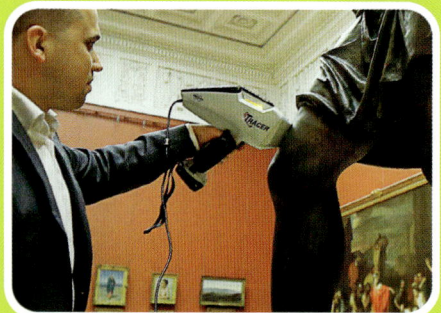

원격 탐지: 멀리 있거나 숨겨져 있어서 눈으로 직접 볼 수 없는 단서를 찾는 일.

위성 사진: 인공위성이 지구 주위를 돌면서 찍은 사진.

고고학자: 오래된 사물을 연구해 특정한 시대와 장소에서 사람들이 어떻게 살았는지 밝히는 과학자.

유물: 옛날에 살았던 사람들이 사용하고 남긴 물건.

현장: 유물이 발견되거나 발굴을 진행하는 곳.

격자: 가로세로가 일정하게 짜여진 사각형 무늬.

유적지: 과거에 사람들이 살거나 사용했던 흔적이 있는 장소.

발굴: 땅속이나 흙더미 따위에 묻혀 있는 것을 찾아서 파내는 일.

찾아보기

ㄱ
격자 8, 9, 11, 18
고대 그리스 26, 38
고전 고고학자 26
기예르모 데 안다
　22, 23

ㄴ
나스카 지상화
　38-39
누날렉 4

ㄷ
대피라미드 30
도굴꾼 15, 40
두라유로포스 15

ㄹ
라이다(LiDAR)
　16, 17, 32, 33
람바예케 계곡 42
로제타석 28
리처드 3세 34, 35

ㅂ
바미안 유적 40, 41
베수비오 화산 31
병마용갱 29
보이니치 필사본 37

ㅅ
사예드 굴 칼라시
　25
사해문서 29
선사 고고학자 26
세노테 22, 23
세라 파캑 20, 21
수중 고고학자
　22-23, 27
스톤헨지 36
쓰레기 고고학 27

ㅇ
아틀란티스 38
앙코르 와트 32
역사 고고학자 26
예리코 10, 11
온두라스 고대 유적
　33
왕가의 계곡 6
요한 라인하르트 24
우주 고고학자
　20, 21
원격 탐지 16-18
위성 사진 14, 15,
　20, 21
유카탄반도 22
유프라테스강 15
유픽인 4

이집트학자 27
입체 지도 16, 17, 22
잉카의 소녀 미라 24

ㅈ
지면 투과 레이더
　(GPR) 17, 35

ㅋ
칼라시인 25
캐슬린 케니언
　10, 11
콘스탄사 세루티 24
콘티키 21

ㅌ
토양 11, 13, 19
투탕카멘 7
티칼 16

ㅍ
폼페이 31

ㅎ
하워드 카터 7
환경 고고학자 27
흙손 13